回首來時路
點滴在心頭

吳粉 著

▶民國45年，調任新職，與
全體同事到青草湖郊遊。

▲民國67年，退伍前軍裝照。

▲民國48年10月25日，結婚照。

▶民國51年延智一歲時，
全家攝於台北。

▲延智六歲時，攝於外
婆家庭院。

▲如瑜六歲時，攝於芝山
公園半山坡。

▲如珊五歲時，攝於
友人家門口。

目次

聆聽女性的生命故事

宋如瑜

國中一年級的時候，曾閱讀楊步偉女士寫的《一個女人的自傳》，描述了舊時代裡一位有新思想女醫生的成長故事。雖然在書中，楊女士說自己是個「普通道地的中國女人」，其一生卻滿是令人驚歎的點滴，如：退掉包辦婚姻、赴日學醫……，都不是民初尋常女子能做的事，而她做到了。這本傳記在讀完三十年後，印象最為深刻的，不是她在中國的醫院以女性身份當上首位院長，也不是她嫁給了趙元任先生，而是她能忠於自己，以智慧、毅力跟環境抗衡。

從這個角度來看，我的母親也著實了不起。在那個女子無才便是德的年代，母親為了獲得求學的機會，以絕食向家人宣戰；畢業後，從彰化隻身北上，進入公家單位，和大陸來的同事一起建設復興基地；為了愛情還鬧起家庭革命，成了外婆家的「黑羊」。看似叛逆的女人，結婚後，竟一肩扛起工作和家庭的重擔，成了兼有傳統和現代雙重美德的新女性。她努力的目標，是要打造個能讓丈夫、子女避風遮雨的家，面對這份艱苦任務，可永遠沒有退休的一天。半世紀前的臺灣，大家的日子都清苦，母親精打細算、勤慎操持，我們才能受完整的教育，有了不愁吃穿的生活。

母親也是位終身學習的奉行者，幾年前，母親開始寫日記，理由是她常忘記一些字的寫法，想藉此複習而牢記；過了一陣子，母親說想寫一些練氣功的體會，理由是幫助別人養生；又過了一段時間，母親說她要寫理財心得，好讓晚輩對錢財有正確的觀念；最後，母親決定了，她要寫一本自傳，紀錄自己的故事。

母親的學習精神，深深影響了我們，有件事讓我記憶猶新，大概是我上小一的時候，一天，看到母親在認真地讀《辭彙》，我問：「為什麼要讀這個？」母親說她是臺灣剛光復不久進小學的，中文基礎不夠好，讀辭典可以把握每個詞的用法。之後，母親也認真地學過日文、裁縫、織毛衣、氣功以及投資理財等等她有興趣的東西。我想母親之所以能保持年輕、活力，是因為她對周遭的事物都抱著探索的興趣。去年，我的兒子瀚瀚剛唸大學，一天，家人一起吃晚飯，母親問他修了哪些課，當提到微積分時，母親的眼睛一亮，說：「等下吃完飯，你教我微積分好不好？」自然，那又是個充滿知性的夜晚。我常在想，母親真的生錯了時代，如果晚生三十年，以其聰明、認真、好學，不難在大企業做個ＣＥＯ。

母親寫的故事要出版了，一個一輩子堅毅而追求成長的女性故事。可能有人納悶：她到底做了什麼大事？的確，在男尊女卑的華人社會裡，成為眾目焦點的往往是男性，值得用文字記述的，是馳騁家庭之外者的豐功偉蹟。女人，尤其平凡的女人，是沒有聲音的，但這些默默付出的女性真撐起了半邊天。她們心甘情願地隱身於丈夫、子女背後，長年扮演著推手的角色，從中小企業的老闆娘、在家庭與事業中奔波的職業婦女到相夫教子的家庭婦女，每個人身上都有艱辛、動人的故事，以及值得學習的處世態度，而每個故事也都是臺灣歷史的一部分，共同拼貼出了真實的臺灣精神。

期待未來能有幸分享更多阿嬤、阿姨寫出的生命故事！

在時間的光流中迴旋

宋如珊

媽媽的自傳完成了，在替她校稿的過程中，我隨著字句滑進時間的光流中，看著那個既熟悉又陌生的身影，在光流中穿梭迴旋。少年時的媽媽，青年時的媽媽，壯年時的媽媽……還有媽媽的憶往和心情，這些在自傳裡都串了起來，串成媽媽的人生旋律，交雜著喜怒哀樂的生命故事。

大陸作家王安憶在長篇小說《紀實與虛構》中，描述女主角追索母親家族血緣的歷程，猶如一種母系的尋根。閱讀媽媽的自傳，我也在尋根，尋找潛隱字裡行間媽媽的人格特質，認識不同人生角色下的媽媽，也從中對應思考自己的性格遺傳，甚至延伸想像女兒翩翩的未來，使我觸動心緒的，不僅是血緣的譜系，還包含著女性命運的牽繫。

我常想起一個場景：翩翩還未滿月時，有天晚上，媽媽來看我，我們坐在臥房的床上閒聊，小翩翩在床中央熟睡，媽媽提醒我一些初為人母的生活瑣事。這昏黃燈影下祖孫三代的景象，彷彿訴說著一個很長的故事，從「很久很久以前……」一直到「從今以後……」，就像我在媽媽的牽引下，沿著她的足跡走向下一段人生旅程，而小翩翩也正要開始邁步走向她的未來。

童年記憶中的媽媽，是忙碌而病弱的，除了上班的時間，通常躺在房間裡休息。但是這麼多年來，媽媽肩頭總是有一根無法放下的扁擔：我們小的時候，扁擔的一邊是家庭，另一邊是工作；我們長大獨立後，扁擔的一邊換成病倒的爸爸，另一邊則是她永遠放不下心的哥哥。這種長期的沉重壓力，壓在她瘦弱的肩上，她撐起的不只是自己的人生，還有我們的人生——媽媽是一股堅強的力量，讓我們踏實，給我們溫暖。

有時我在想，這樣的歲月，媽媽是怎麼走過來的？又是怎樣的環境，塑造出她堅毅的性格？讀著媽媽的少年往事，體會她力爭上游的心，她的許多勇敢和堅持，竟是已入不惑之年的我所望塵莫及的！而媽媽的好學精神與認真態度，則是我們永遠的榜樣。這本自傳的出版，就是最好的證明。

媽媽有個超越常人的數字頭腦，舉凡電話號碼、物品價格、金融行情等都能記得又快又正確，但數理和人文是兩種不同的思維模式，因此數字頭腦對她從小缺乏信心的國文毫無幫助，每逢重要考試，她最害怕的就是作文。爸爸病後的幾年，為了抒發心情苦悶，

她開始提筆寫日記，前兩年，姊姊和我看到她的日記已有些分量，便建議她寫下自己的故事，作為人生的回憶，就在她的努力和恆心下，這本自傳終於完成了。

媽媽的文字簡樸自然，沒有過多的修飾，有的只是真情流露。在她娓娓道出的故事中，我多次被深深的感動，不論是我不曾參與的成長時期，如小舅舅的早逝、與外公的互動等，或是我曾一同經歷的青壯歲月，如奔波醫治哥哥、照顧生病的爸爸等，在這些起伏曲折之中，我試著參透人生的學問，也從媽媽經歷的道路中，學著面對自己的未來，我想，這是一門生命教育，而且終身受用！

二〇〇八年十月十七日

緣起

記得幾年前，小女兒如珊曾鼓勵我寫日記，一方面找個精神寄託消磨時間，另一方面練練腦，防止老化，一舉兩得。最近大女兒如瑜也談起讓我寫自傳，順便將練氣功的心得寫出來供他們參考。說真的，我實在沒有勇氣提筆，因為兩個女兒都是中文系畢業，生怕文字不通順讓孩子們取笑，所以備感壓力。但是，想想我年歲已高，總覺得與其留下財物或金錢給兒女，不如教她們養生之道來得有意義。因此鼓起勇氣提筆，希望這本自傳能讓兒孫及親友瞭解氣功，並做為我個人生活歷程的紀念。

躲空襲、吃香蕉乾的童年

我生長在彰化的小村莊，兄弟姊妹眾多，日據時代物資缺乏，飲食談不上營養，只能求三餐溫飽，猶記小時候母親因接連生下眾多弟妹，照顧不過來，晚上總由父親陪我在腳踏車店裡做功課、睡覺，可能是我先天不足、體質虛弱，清晨起床常嘔吐黃色苦水，當時不知是胃酸過多所致，應求醫服藥，所以並未告訴雙親，也許是這個原因，以致長大後長期受胃病困擾，至今偶爾飲食不慎，胃部仍易感不適。

我入小學時，台灣尚未光復，所以小學一年級讀的是日文，當時的日本老師總是衣著整齊地來上課，教導學生非常嚴格，學生必須使用日語交談，只有小一新生因為剛入學而不在此限。記得老師常告訴我們：聽到日本國歌時，不管是在操場或是在路上，一定要原地立正；如果上課遲到，就必須在大操場罰站。記得入學之初，曾有一次，我因好奇跑到教室外觀看，見到幾位五年級學長在講台前罰站，一位年約五十的日籍女老師，正用拳頭敲學長的頭，還以細長竹子打手心，大概是他們作業未完成或考試不及格，看到後我立刻緊張地跑開，心裡想著：以後一定要好好用功，否則也會挨打。此後我對功課一直不敢掉以輕心，放學回家後，一定先做完功課再出去玩。這種嚴厲而中規中矩的日式教育，深深植入我心底，影響我的性格和處世。

童年時期讓我印象最深刻的，莫過於父親的教導。父親的處世風格，兼有台灣人的敦厚律己和日本人的謙恭有禮，他曾告訴我們，看到老師、醫生、警察都要敬禮，而當時的警察差不多都是日本人。記得有一回小偷到鄰居的菜園偷菜被捕，日本警察就把小偷帶到派出所灌井水，他們管理人民的手段非常嚴苛，在高壓嚴罰之下，民眾大多不敢造次。那時是第二次世界大戰的末期，早晨上學的途中，常碰到空襲、拉警報，我們只得躲在稻田裡，等飛機走了，才去學校上課。小時候家住鹿港附近的秀水鄉，鹿港附近建有一座飛機場。一天，我放學回到父親店裡，看見一輛牛車載著幾個空襲時被炸傷的傷患，他們身上還淌著血，撞見這種情景，我嚇得一句話也說不出來，現在想來還心有餘悸。在戰爭的歲月中，人的生命是多麼渺小而脆弱。

日據時代，我家沒有田地，父親也不是農民，所有的主、副食都得靠政府配給，由於兄弟姊妹眾多，配給的糧食總是不夠，市面

上雖有黑市米糧，但家中經濟情況不好，自然也買不起。父親為了維持家人的溫飽，常常在太陽下山、飛機停止轟炸的時候，到鄉下香蕉園買香蕉乾，給家人當早餐，躲警報的時候，也常帶著香蕉乾到防空洞內充飢。當時我們一天只能吃兩餐，十一點用午餐，吃的是蕃薯加少許白米煮的稀飯，晚餐通常會在六點以前吃，以免孩子耐不住餓。在那個物資匱乏的年代，大家的飲食都很簡單，還記得剛光復時，我們的早飯常是豬油炒鹽巴加點蔥泡稀飯，後來環境好些，改成豬油爆蔥加醬油來拌乾飯，雖然飯裡仍有蕃薯，但現在想來，那種古早純樸的滋味仍令人懷念！光復的第二年，學校開始用台語教我們一些漢文，像「人之初、性本善」之類的三字經，後來也有大陸來的老師教我們中文和注音符號，那時彰化的外省人數量不多，大多為教師，少部分為軍人，這些老師的表現都還不錯，所以在省籍仇殺事件發生後，學生家長或學校同事的家庭也多願收容他們，讓他們有個安全的容身之處。

父親說：我們是唐山來的中國人

記得當時校外曾謠傳外省人強姦小女生的案件，據說有位隣居小學妹，因父母有事外出，留她一人獨自看管輾米廠，傍晚父母返家時，發現孩子已被姦殺，此案一直沒有偵破，於是謠言四起甚囂塵上，直指兇手是外省人，再加上台北發生二二八事件的影響，使彰化地區的本省人和外省人一見面就相互打殺，情況非常混亂。當時我從家中的收音機裡聽到，因為有些外省人來自大陸漳州，同樣使用閩南語，本省人為能清楚辨識身分，會要求對方唱日本國歌來證明，唱不出來的人，便難逃被打殺的命運。事實上，二二八事件中，本省人和外省人雙方均有傷亡，只是大陸人隻身來台，沒有戶籍，兩岸又無法連繫，於是無從查起，使人誤以為死傷者都是本省人。任何戰爭或衝突，傷亡不可能是單方面的，這是時代造成的悲劇，而我們這代人歷經台灣社會的起伏變化，更應理解溝通協調才是解決紛爭最好的方式！

回想小時候，父親常和我聊天，他曾對我說：「我們是從唐山過來的中國人，不是日本人。」而且要我不能說出去，現在想起來，當時父親對我說這話時內心是多麼的無奈，那種被殖民下的壓抑痛苦。母親是彰化市人，她也曾告訴我，她聽外祖母談到日軍入台時的殘暴殺戮，日軍從鹿港海邊上岸，到彰化市街上時，不分男女，見人就殺，那種慘狀無法形容，市區兩排的排水溝內，流的不是水而是鮮紅的血！試想這種血流成河的慘況，是殺了多少的台灣人？這些帳無從算起，難道能向日本人討回公道嗎？對於這些不幸罹難的同胞和破碎的家庭，冤冤相報能喚回失去的親人嗎？更該思考的是，尚在人世的我們應該用什麼樣的態度去面對現在與未來。

用嫁妝換來的彰女入學

小學五年級的時候，我因為成績不錯，被編入升學班。由顧進丁老師擔任導師教導我們，顧老師是我一生最崇拜的老師，他當時未婚，配有宿舍，我們因為要考初中的緣故，常到顧老師家溫習功課，老師不但不收補習費，有時還請大家吃水果，至今回想起來仍非常感謝，顧老師是我一生中的貴人，因為顧老師的肯定，我的人生才有機會走出自己的道路。小學畢業時，父親不讓我繼續升學，堅持要我考商職，以便畢業後可以上班賺錢貼補家用。但顧老師認為我的資質不錯，建議我報考省立女中，後來我果真沒有辜負顧老師的期望，順利考取彰化女中，當時左鄰右舍都為我高興，因為我是日據時代以來秀水街上第一個考上彰化女中的本地人。日據時代的彰女，幾乎全是日本學生，台灣學生屈指可數。

對我而言，能考上夢想中的學校，當然興奮不已，但父親卻不支持，一方面是擔心會造成家裡的經濟負擔，另一方面是怕外人批評他對子女不公平。因為大姊就學期間，二次大戰戰火方熾，小學五年級時因成天躲警報，最後只好輟學，那是時代造成的無奈。但對父親而言，同為女兒，就不應有差別待遇，因而再三反對我升學。為此，顧老師、校長還有數位女老師一起到父親的店裡向他勸說，但父親仍舊不贊成。當時我的內心非常痛苦，但年紀幼小不知如何是好，只能躲在房裡從早哭到晚，絕食抗議。後來我對母親說，只要能讓我升學，將來結婚的嫁妝全都不要，並請母親將這話轉告父親。母親聽完，難過得紅了眼眶，留著淚對父親說：

「阿粉整天不吃不喝，這樣下去會傷到孩子身體，你就讓他讀吧！」父親經過一夜考慮，終於鬆口答應讓我繼續升學。聽到這個消息，我喜出望外，不知如何形容，而父親的應允，改變了我後來的人生。

彰女求學時期的悲與喜

彰化女中入學不到半年，家中出事了——三歲大的小弟弟ㄆㄛㄐㄧ（日文小名「小狗」）溺水而死。記得那天我放學騎著腳踏車回家，途中遇到鄰居得知這個消息，我不敢相信，加速騎車趕回家，發現弟弟的遺體放在門邊，眼淚不自覺地落下，我摸摸他的小手，忽然間弟弟的鼻孔裡流出水來，彷彿知道是我，讓我心痛不已。小弟弟出生後，我就常抱他、揹他，帶著他到處去玩，有時教他數數，他非常聰明，能一一記下背出，我和他的感情很深，至今每每想起這個來不及長大的弟弟，我都會不捨地掉淚。這是我第一次感受到親人死亡的痛苦，而此後很長一段時間家中氣氛都陷入憂傷沉悶，父母的感情也因此處於低潮，父親責怪母親疏於照顧以致造成憾事，母親痛失愛子又遭誤解，甚至數度想尋死。小弟弟死亡帶來的傷痛，讓家中一片混亂。

父親是白手起家，沒有祖業庇蔭，他白天修理腳踏車，晚間修理鐘錶，靠著手藝維持一家八口的溫飽，真是難為。我讀彰化女中的那段時間，真可說是「苦讀」，苦在家中的經濟窘況和同學間的貧富差距，同班同學的家境都很不錯，便當常有大塊的紅燒肉、滷蛋，而我帶的只是醬油炒飯。中午大家吃便當，我總是把便當蓋蓋在飯盒上，生怕同學取笑我的炒飯。同學相邀請客看電影，我總推說沒有時間而缺席，事實上，我並沒有多餘的錢和大家去玩。記得唯有一次，同學寶釵找我去福利社，我不想去，但她執意要我陪，我只好答應。那次她請我吃了一些零食，但此後我再也不願陪她去了，因為我實在沒有能力回請她。窮困的物質生活，使我的自尊心更強，更要活得有骨氣。

其實，我身上也不是完全沒有錢，每日清晨上學前，父親都會幫我的腳踏車胎打好氣，順便摸摸我的口袋，看是否仍有零用錢。求學時期，我除了學校必須繳交的費用之外，幾乎不曾花用父親給的零用錢，這事我猜父親也清楚，而我的節省讓他很不捨。因此，他總是算好時間，在我放學的時候到市區辦事或購買修車材料，在我回家的路上攔住我，帶我一起到市場吃肉圓、筒仔米糕、肉粽等，我當時還常納悶，為什麼總是那麼湊巧，會在放學的途中遇到父親。現在當我做了母親、外婆之後回想起來，更真切地體認出，那是一種深刻而含蓄的父愛，他看出我不捨得花錢，心疼女兒的節儉才刻意如此。

自小父親就非常瞭解我，當我結婚後，因為想存錢買棟屬於自己的房子，處處節省，被母親誤會為小氣，但父親總是體貼地替我說話：阿粉持家很辛苦，家中一切開銷必須由她來打理，況且，軍人的收入微薄等等。至今想來仍十分窩心，我深深地希望他老人家在天上能過得很好。

進入無線電學校

彰化女中畢業後的暑假，我常到店裡陪父親聊天，有天在店裡巧遇父親的刑警好友葉枝（譯音），他告訴父親：阿粉功課不錯，可以讓她去考無線電學校，女孩子能有一技之長就很不錯了。父親覺得很新鮮，要我不妨試一試，結果順利考取，但因為是私立技術學校，學費昂貴，為了繳交學費，父親還向鹿港的大伯母借款。所幸自第二學期開始，我因成績優秀獲得第二名，依學校的獎助辦法，僅需繳交三分之一的學費，父親也不用再借貸渡難關了。

葉枝所說的「無線電學校」，就是台中私立光華無線電傳習所，校內設有工程科及通信科，工程科以修理收音機及收發報機為主，而通信科是訓練報務人員以供商船或漁船通信聯絡之用。該校校長由國防部上校黃冕先生專任，在民國四十一年間，台灣光復不久，兩岸情勢緊繃，國內政治尚未穩定，生怕有匪諜滲透，所以該校並未公開招生，且學生畢業後若想錄取相關工作，不但必須成績優異，還得通過當地派出所的身家調查。所幸一年半後，我不負親友期望，以優良的成績畢業，保送國防部某通信單位，實習階段以准尉官階支薪，但那是我人生中最難熬的一段日子，也是我離家獨立的開始。

艱苦的實習和入伍受訓

當時台灣剛光復不久，軍隊中全是大陸撤退來台的外省同志，我是單位裡唯一的台籍女性。這是我頭一回離開家鄉彰化，遠赴人生地不熟的台北，我當時國語不流利，又舉目無親，內心十分惶恐，但誰也沒想到這次離鄉工作，就是真的離開了，此後的幾十年，我在台北生活落戶，台北成為我的另一個家鄉。

記得剛在通信單位實習的時候，我經常在夜深人靜時躲在被窩裡哭泣，也曾想偷跑回家，但身分證在報到次日就被事務股（人事處）收去辦理補給和領餉手續，我也不敢向承辦人取回，生怕沒有證件貿然離開會被捉去坐牢，況且我連台北車站怎麼走都不清楚，只好咬牙忍著撐下去。一個月後，我接到雙親的來信，父親信上說我的表姊夫想找我到他的印刷廠上班，月薪是台幣六百元。之前我始終不敢向父母透露我的准尉薪資僅台幣四十元，記得當時一磅毛線九十元，相當於兩個多月的薪水，所以六百元台幣的月薪，的確很誘人，但我拒絕了。當時我無法向父親說明實情，因為軍事機關的管理非常嚴格，不像一般公司行號能進出自如，離職更是難上加難。當時軍人是終身職，沒有退休制度，也沒有終身俸，信守著為國奉獻的理念，甚至犧牲生命，也毫無怨言。

還記得離開家鄉那天，父親送我上火車，我看著父親眼眶泛紅落下淚來，但當時一心想著來台北工作的事，無法理解父親的感受，如今回想起這數十年前的往事，對早已為人母的我而言，常常感到心酸不已，也更深刻體會父親疼惜子女的心。

當時光華電校有位陳老師陪著我坐夜車到台北，清晨再轉搭國防部的軍車到台北某山下，電台設在收訊良好的山頂，我們爬石階到達目的地，抵達時已近中午，我累得連話都說不出來，於是鋪好床，躺下就睡著了，一覺醒來已是下午四點。當我去找陳老師時，他已回台中去，而我一時之間不知如何是好，感覺好像被陌生人抓去坐牢一般，真是萬分恐懼難以形容。

實習一段時間之後，有一天我們的主管（總台長）找我個別談話，他告訴我：妳是文學校畢業的，沒有軍事學校的學歷，將來升遷比較困難，最近訓練單位在招生，妳最好能去受訓，雖然較辛苦，薪水也少，但可以幫妳申請父母眷糧，折成代金就會寬裕些。我接受了他的建議，沒多久就去受訓了。記得受訓期間，隊長總是對我特別優待，不知是因為我身體虛弱，還是因為我是第一個帶職受訓的台籍女同志，每到三、五百公尺的晨跑時，他總叫我下去休息，不用跑步，兩年多的訓期，我從沒參加過晨跑，現在想來真是慚愧，竟沒和大家一起接受基礎的體能訓練！記得還有一次營外實習，我忽然發高燒，陳指導員特地派用班主任的吉普車，接我回班本部，並請醫生幫我看診，這件事至今回憶起來，仍感到溫馨無比，雖然指導員已不在人間，但我還是非常感激他對我的關懷照顧。

受訓還不到一年，我病倒了——貧血和失眠症，班本部批准我暫時回家修養一個月。我想這除了是因為不適應軍事生活的壓力之外，還可能是因為飲食習慣差異所致。當時台灣缺米，軍中伙食都是麵食，例如早餐是饅頭、豆漿，中午吃饅頭，晚間吃麵條等，以致我這習慣米食的台灣人腸胃出了狀況。身體恢復後，我又回到原單位繼續受訓，雖然部分課程因缺課而考得不理想，但所幸總成績還不錯，否則就得留級了，對於自小功課好又個性好強的我而言，留級是絕對無法接受的事。

輔導員奇遇

受訓結束，又實習了一段時間，之後便開始正式工作，其間使我印象最深的，就是派往訓練單位擔任輔導員時遇到的一位女學員。她談吐優雅，皮膚白皙，梳著赫本式的髮型，而且總是中性打扮，不穿裙子，也不化妝，通常穿著西裝上衣、白襯衫和西褲，但因她與我談話時，常常眼神怪異，所以引起了我的注意，不久之後，她邀請我吃飯喝酒，我心裡納悶女孩子怎麼說要喝酒呢？沒想到不久後，她竟向我表達愛慕之意，讓我不知所措，但我心裡清楚，這是工作，必須向上級具實報告，後來上級因此嘉獎我，並要求我對她多加了解。我當時因為社會閱歷淺，害怕吃虧，而且我認為只要是為國家工作，不是匪諜反間，性別和性向應該不致有何影響，所以未再詳加追究，後來雖謠傳她是陰陽人，但我並不清楚真相。據說，直到畢業，她都拒絕配合去醫院檢查，這件事至今反省起來，我仍認為，掘人隱私是不道德的行為，但在工作崗位上，則必須忠於職守。事隔多年，回憶起來，不管當時的處理是對或錯，仍如同一場夢般地不真實。

六年的自由戀愛

我與外子宋世和是受訓時的前後期同學，我們認識六年才結婚，當時的時空環境與現在大不同，他是外省籍軍人，而當時軍人的工作辛苦，待遇又差，父母親生怕我婚後受苦而堅決反對，希望我不要嫁給軍人，讓生活較有保障。但我們的工作性質特殊，如果不與軍人結婚，我的工作可能不保，上級也不會批准，雖然沒有明文規定，但事實便是如此，國家花了許多心血培養人才，好不容易才能獨立工作，若輕易離職，那麼國家損失太大了。所以這是絕對不可能的事，況且我熱愛這份工作，雖然待遇低，但這工作賦有的神聖感與神祕色彩，並非普通公職所能比擬。多年後回想起來，我仍覺得自己的選擇是百分之百的正確，縱使其間有許多不足為外人道的艱辛，但也絕不後悔。由於我在工作與婚姻的堅持，我和世和一直拖了六年，直到雙親點頭，我們才結婚。

大女兒如瑜的急性腎炎

婚後第二年，大女兒如瑜出生，當時世和被派到外地工作，我每天除了上班和處理家務之外，就是陪著女兒，如瑜的個性活潑可愛，自小有表演天分，很愛唱歌，還會表演黃梅調「梁山伯與祝英台」，那段日子過得很愜意。

如瑜的童年有段辛苦的往事，就是她念小學六年級時，發燒就醫，驗出尿中有血球和蛋白，就是俗稱的急性腎臟炎，因為要忌嘴，不能吃鹽，孩子臉色非常蒼白，沒有力氣。朋友告訴我一些偏方，例如將活青蛙放入鍋內加水以小火煮，讓青蛙因水熱情急而排尿鍋內，再將蛙尿給如瑜喝，當時為了救孩子的病，也沒有多去思考就如法炮製，但似乎效果不大。後來又聽說可以用苦茶油和白花草（台語）煎鴨蛋不加鹽，早、晚空腹各吃一次。記得我為了採摘白花草，每日下班到河邊去拔草藥，有時冒著雨，頭帶斗笠，身穿軍用雨衣，也得去替孩子採藥。有一次，被朋友碰見了，我告知孩子的病情，朋友說延平北路有戶行善人家，免費分送曬乾的草藥，只需順手帶些禮物去便可。就這樣服用了一段時間，孩子的病慢慢有了起色，驗尿時紅血球從六、七個減到一、二個，最後終於沒有紅血球了。孩子因病修學一年後，終於慢慢康復，又回到學校去上課，我心中的石頭也放下了。

如瑜休學在家的那段時間，她很聽話，也不偷嘴，或許是因為忌嘴卻又想滿足口腹之慾的緣故，她開始學著做菜，看電視上的烹飪節目，買食譜回來研讀，還幫剛上小學三年級要讀全天的妹妹如珊準備便當。她當時許多東西都得忌口，當然包括鹽和醬油等含鈉的調味品，所以她調味時都得憑敏銳的感覺和經驗的累積，這一點是非常困難的。但這段特殊的經驗，也使她到現在都燒得一手好菜，有時在外面吃了飯館的菜，回來就能做出來。她結婚前，還曾親自下廚，獨自料理兩桌酒席，宴請幫忙婚禮的親友，大家都對她的手藝讚不絕口。

兒子延智的出生

婚後第三年的農曆八月十六日，也是中秋節的次日，早晨五點多鐘我在台北的省立婦產科醫院，生下兒子延智，他出生後食慾極好，但出院回家後，竟開始每日發燒。當時是秋老虎的天氣，非常炎熱，在民國五十年代，家中有一台電風扇已算不錯，根本不可能有冷氣設備，我猜想也許是因為醫院有空調，家中僅有電扇，溫差太大，孩子染上俗稱的熱傷風！

尚未滿月的延智每日發燒到三十八點二度，中西醫都看不好，因為整天發燒不退，孩子哭鬧不停，外子在外地工作，無法每天回家，雖然僱人來家中幫傭，但也幫不上什麼忙。做月子期間，孩子成天哭鬧，我無法充分休息，身體更加虛弱。不久之後，幸虧家中來了一位退伍老榮民王作榮先生，朋友介紹他來幫我照顧家裡及延智。王老先生，是陝西人，中尉退休僅領有微薄的軍保費，所以必須工作才能維生，他來住在我們家裡，每天早晨自己桿麵給大家做早餐，也幫忙料理午餐，我每月給他三百元的薪資，相當於我的中尉薪，大家相處了很長的一段時間。因為他很喜歡大女兒如瑜，所以收她為乾女兒，之後每逢如瑜生日都會買些衣服或鞋襪做為禮物，我們很感謝他，也因為他的幫忙讓我能放心地繼續工作。

延智三歲時，我母親體諒我身體不佳，於是將延智帶回彰化娘家代為照顧，往後的十多年，我每年總要往返台北彰化好幾趟，回去看看孩子。當時交通不便，往返需兩日，而我身體也不好，每次

自彰化回台北後，都會因想念延智，無法平復情緒安心工作，無論如何，母子間的親情是很難割捨的！

王老先生的病逝

王老先生因腦中風不省人事，吃飯必須有人餵，我因上班無法照顧他，只好將他轉送榮民總醫院，不久後病逝。記得他去世後數天，託夢給我，說他很冷，我將此事請教長輩，長輩告知可能是冰櫃內不能穿衣服而感到寒冷，於是我到榮總去詢問，原來遺體需先清洗才能穿上衣服，我便立刻回家取了一套他的西裝，並請工人替他清洗穿衣。當時世和在外地工作，無法趕回來，為表示對王老先生的敬意，我特別請辦公室的兩位年輕男同事，代為瞻仰遺容，以告慰他在天之靈。

處理喪事前，榮總曾詢問我，王老先生沒有親人在台，可否捐大體讓醫院做研究，我們也可免除一些喪葬費用。當時聽了覺得非常不忍，所以並未答應，次日又聽到如珊說：乾爸爸說過他要土葬，不要火葬！於是等世和休假回家，與他商量，但是當時家裡的經濟情況並不理想，土葬的費用我們實在負擔不起。還好殯儀館的張先生在大陸時也是國防部的人員，來台後才轉入殯葬業服務，於是我們就請他幫忙，他允許我們先賒欠相關費用，待王老先生國防部的喪葬費核發時再還款，至於墓地的找尋，我們請當時的芝山里里長李文玲女士幫忙，在大直附近找到一塊公有墓地，幾番奔走後，終於完成了王老先生的後事，我們也放下了心上的一件大事。

南北奔波醫治延智

從延智出生開始，我們便投注許多心血和金錢，想盡辦法帶他求醫。他六歲時還不會走路，看過許多西醫均治療無效，只好改請名中醫腦科專家詹吉辰醫師診治，當時一付中藥約二千元，而我的薪水一個月才一千多元，求治一年多後，僅見夜尿次數減少，其他腦部發育、走路活動等均未見進步。

延智在我娘家住了十三年，十六歲帶回台北。其間許多年，都是由我小妹吳信細心呵護照顧他，在延智心裡，阿姨就如同他的另一個母親一般。當他青春期時，夜裡常哭鬧不停，那時我母親年歲已高，吳信也已出嫁，無人可以照料他，於是母親希望我將孩子帶回台北自己照顧。我眼看孩子的病無法醫治，心如刀割，估算自己的服務年資已滿二十年，可以領取終身俸，於是決定寫報告請求提前退伍，專心照顧延智，以盡為人母的責任。記得當時延智只會叫爸爸、媽媽、阿姨三個詞，朋友告知振興醫院有訓練語言的老師和設備，於是便設法將延智送到振興做復健，半年後，他又會說一些單字，但當時他已到青春期，過了醫治的黃金時間，所以進步有限。

民國六十八年，我以中校階級自國防部退伍，當時領到的五、六萬元互助金，以當時市價計約可買一戶簡陋的房子，而這筆錢全用在延智的針灸治療和中藥費用，我記得當時世和總是騎著機車載著延智，從芝山岩到樹林找林天樹醫師看診。但治療一段時間後，錢花光了，病情卻毫無起色，當時我絕望地告訴自己，這或許是種無法醫治的絕症，此後我也打消了為他奔波求醫的念頭。

延智接回台北後，仍是日夜哭鬧，家中還有兩個就學中的女兒，我很擔心延智會影響到女兒的學業和成長。於是世和利用慰勞假跑遍全台大街小巷，終於找到一家比較適合延智的養護中心。記得當時的托育費用為台幣四千元，我的中校薪才三千六百元，連支付托育費都不夠，但為了兒子能夠找到屬於他的生活園地，以及兩個女兒能有安穩的讀書環境，就算生活拮据，作母親的我也只有咬緊牙關了。

在與世和商量之後，我們決定將延智送往北投的陽明養護中心照顧。一來陽明養護中心環境不錯，離家較近；二來兩個女兒也能在安定的環境中求學。試想，如果當時不能當機立斷，而把所有的精力都投注在延智身上，這個家不知會變成什麼樣子。不能治癒延智的病，我心中固然有所缺憾，但兩個女兒都能順利考上大學，進入研究所，擁有自己的生活和事業，我已感到非常滿足。

長生學對延智的幫助

延智送到養護中心以後，蘇安男主任告知，這種智障孩子必須服用藥物控制情緒，否則有時會有暴力攻擊他人的傾向，於是我們就帶延智到榮總精神科就診，服藥一段時間後，情緒稍有改善，但偶爾仍會傷人。十幾年前的某個深夜，延智因情緒失控而咬傷其他院童，次日清晨接到中心電話通知後，我立刻請中心老師將受傷院童送往醫院打消炎針、擦藥、包紮，我們願意負擔全數的醫療費用，由於當時尚未實施健保制度，醫療費用頗昂貴，記得當時便花費了千餘元的醫藥費。此後延智仍時有情緒不穩的情形，因怕他再度咬人，老師總是會先來電話讓我把孩子接回家安撫。

民國八十年間，世和因腦部病變動過手術在家休養，我實在沒有多餘的時間和體力來照顧延智，雖然心裡萬分焦慮，但還是得盡量控制自己的情緒，好好地安慰他，向他解釋他父親的病況，以及家中的情形，希望他瞭解體諒，乖乖聽話，不要再鬧情緒。通常在我勸告之後，他會平靜一陣子，但過些時日，毛病又會再犯，真是頗令人苦惱。某日，好友趙居正、李振華兩位先生來電話說：有善心人士在教長生學，希望我陪世和一起去學，若用長生學替世和的腦部做調整，應有不錯的效果。於是我們前往士林高中報名學習，一段時間之後，我為了延智特地去請教老師：智能不足的孩子是否也可以「調整」？老師表示可以調整腦部。我們當時因為初學，對自己的技巧沒有把握，因此每週往返養護中心兩次，將延智接到北投國小請老師替他調整，而我們就在旁邊學習，兩個月後，我開始

自己替孩子調整，但因養護中心干擾較多，無法靜心做調整，之後又改為接回家時替他調整。

還記得剛開始做時，並未看出明顯功效，但兩年後的某個下午，延智忽然告訴我，他現在心裡很舒服，不會想打人。我當時半信半疑，仍繼續替他做調整，之後約有五年的時間，他真的沒再打人，也沒跟人打架。目前他每兩週回家一次，有時我因雜事太多，忘記替他做調整，到了下午他便主動要求我替他做調整。最明顯的例子是在ＳＡＲＳ期間，當時院方怕院童被感染，規定所有院童都不能回家，我雖想念他，也只能隔著圍牆在外面看他，連手都不准摸。記得當時我看到延智，他一臉苦相，眼神凶惡，真讓人害怕。回家後，我將情形告訴世和，我們都感到非常不安，但又不知如何是好，所幸一週之後，政府宣布ＳＡＲＳ警戒解除，我便立刻將延智接回家，回家後他用手勢告訴我，他心裡鬱悶，很想打人，於是我趕緊幫他調整。至今三、四年了，他沒再打人，因此我深感長生學對延智的幫助很大。這聽來似乎很神奇，但事情經過便是如此，長生學穩定了他的情緒，讓他不再攻擊別人，我也感到很欣慰。

幫延智做長生學的方法

學長生學的那段時間，外子未動脊椎手術，還能行走，我們一同學習到第二期結業，不但了解基本的調整方法，也親自請教老師有助智障兒的調整部位。剛開始時，因經驗不足，不敢貿然替延智調整，於是每週兩次從養護中心接他去北投國小請老師替他調整，兩個月後，我開始試著自己為他做，我因每日清晨練氣功，手心很熱，氣較足，否則替人調整前都應先練功，以免效果不彰或影響自身健康。

替延智做長生學的方法，步驟有三：首先，左手置於頭頂（七號穴），右手置於額頭（六號穴），至少五分鐘，做完後雙手將熱氣揮排掉。

其次，再將右手置於頭頂（七號穴），左手置於後腦（五號穴），同樣要五分鐘以上。因為延智後腦發育不全，如此調整能讓他腦部血液循環好些，腦筋清楚且能控制自己的情緒，不再隨便動手打人。

此外，延智自小右手大拇指僵硬，有時甚至無法自然使用手指拿取東西，因此我們用右手握住他的大拇指，左手置於他的右肩進行調整，如此五分鐘以上，方見效能。目前延智的右手指已柔軟許多，拿東西較為靈活，這雖只是小動作上的進步，但對我們為人父母的而言，卻感到無比的滿足和欣慰。

面對人生的缺陷美

依養護中心的規定，院童每兩週或逢年過節，都必須接回家。近四年來，世和脊椎病變，手術後不良於行，延智每次回到家都會主動先到房間去探望他父親，然後再回到自己的房間聽CD，從不吵鬧，讓我頗感安慰。回想年輕時常內心不平，為何別人的孩子那麼健康，而我的孩子卻不能活潑正常地成長？記得還在上班時，世和的主管常取笑我，金條掉在面前都不會笑一聲。說真的，每想到延智，我的心情便沉重無奈，而這些年來，隨著年歲的增加，我也較懂得從不同的角度去思考人生，得失之間有時是無法計較的。我雖有一個殘障的兒子，但也有兩個健康的女兒，而人生的道路上，照顧這個兒子是我的一種生命學習，從佛家的觀點來看，他是我的菩薩，是我人生的修行。

延智自娘家回到我的身邊以後，常需要搭計程車接送他，其間碰到過形形色色的運匠，看到許多不同的人生面貌。曾有位運匠對我說：太太，你的心地真善良，很多人生到這種孩子就把他丟在路邊，不管死活，你還那麼辛苦地照顧他！我一笑置之，未置可否，心想孩子是前世修來的緣，怎能殘忍地棄之不顧呢？又有一次遇到一位四十幾歲的運匠，他告訴我說：你養了這種孩子，雖然辛苦得養他一輩子，但你卻不用擔心他殺人放火，或者徹夜不歸，這樣的命其實很不錯。我謝謝他的安慰，但人生有時的確需從不同的角度去思考，尤其是正面思考，因為這是讓人堅強活下去的一股支持力量。另外在大前年，曾有位運匠說：你生下這孩子，你的家庭經濟通常會比別人好，這是這孩子帶給你的福分，要好好善待他。或許正如這位運匠說的，這孩子給我帶來了生活的寬裕。當年很多人做股票都賠錢，有的甚至把房子或老本都賠掉，而我，憑著對數字的喜好，竟也無師自通地賺到一戶房子，這或許就是上蒼的眷顧和延智帶來的好運吧。

我的數字遊戲：股市風雲

我從小喜歡玩數字，退休後的腦力活動也離不開數字——參與股票和外滙的投資，這些活動一方面消磨了退休時光，一方面也能賺點小錢貼補家用，但這其間的風雲起伏，真不是一般人所能想像的。

記得剛退休不久，碰上美匪建交，大約有一個多星期，股票天天跌停板，藍單子（賣出單子）排長龍，一張都賣不掉，而我卻運氣不錯，沒有賠多少。因為發布美匪建交消息的前一天，友人親戚從美國來電話，表示台灣的股票不能再做了。朋友將該消息轉告我，當時我以為油價將大漲，於是就在中午十一點半左右，將手上的股票按照上盤（買進的價格）全部出清，僅剩下兩張和信興（因該股票不受油價波動影響）未掛出，最後結算僅賠二千多台幣而已。第二天美匪建交的新聞見報，股票族都大賠，那段時間，人心惶惶，所幸我手上全是現金。當時我想股票不能做了，現錢也沒用，乾脆買房子，正巧彰化娘家的友人在蓋店面，便毫不考慮訂下一戶，心也就定下來了。

過了幾年，股票又開始飆漲，我不死心又進場買股票，那時雖賺了些錢，但好景不常，因為財政部長郭婉容上台時見到股票飆漲，想打壓股票，於是開徵證券交易稅，股票因此跌了數千點。那次我仍很幸運，因每週三股票都大漲，每支股票大約漲三個停板才會回檔（下跌），而我的心很小，每當賺兩個停板便將它賣出，因為大戶通常向民間貸款，利息高，要有足夠的利潤才願脫手，而我是自有資金，不用付利息，少賺一些無妨（雖常為此被友人取笑我是傻瓜）。我當時的想法是週三先將股票出清，等周四回檔（下跌）時再將股票補回，沒想到周四、五兩天連漲兩個停板，回想當時若貪心地下手去接，以所賺的錢加碼再將股票買回，那我就會慘賠。還好當時強忍著觀望，直到星期六的十點左右，郭部長宣布開徵證交稅，而我手上空空沒有股票，所賺的錢一毛也沒賠出去，真是幸運。

開徵證交稅後，股票大約跌了數千點，此後我很長時間沒有進入股市，後因房子賺到一些錢，開始到各處去旅遊，玩了十多個國家。後來雖然偶遇機會還是會小玩一下，但已涉入不深了。二〇〇〇年陳水扁選上總統以後，我曾進場一次，當時全國人心浮動，生怕中共飛彈攻擊，股票每日大跌，而我手上僅有十張股票，準備長期投資當股東，不料五月二十日總統就職以後，法人外資為捧執政黨的場，強力拉抬股票，漲了幾天，我便把手中股票全部出清，連金寶的零股也全數賣光，往後三年未再涉足股市，直至二〇〇三年見外資看好連宋當選進場買股票，我也買了一些，但因興趣缺缺，並未投入許多資金，並在二〇〇四年三月十九日前已賣得差不多了，僅剩數張鴻海，三月二十二日股市因槍擊案全部崩盤，成交量小得可憐，次日又跌，我見鴻海成交量擴增將近六千張，便進場買數張軋平，不料不賠反賺，真是幸運極了。

無心插柳的外匯投資

自二〇〇四年六月以來，我開始投資澳幣外匯，當時我是外行，只因行員是好朋友，在二〇〇三年曾建議我買一萬元當定存，當時滙率約二三・一八元，相當台幣二十三萬一千八百元，後來我竟把它忘了，直到有一天遇到行員談起澳幣外匯的事，行員陳小姐幫我查電腦說：妳的一萬元澳幣已經賺了三萬台幣的匯差，還有些利息，總共約有四萬元很不錯，可以賣了（當時的價格是二十六元多）。但我覺得存單要六月才到期，還有兩個多月，所以並不想賣，沒想到從那時起澳幣就一路跌到二十三元，雖是賠錢，但光是利息還是比台幣高出兩倍多，最後我等到二十五元左右才賣。有了這次的經驗，我開始研究澳幣，打聽澳洲的經濟情況，恰巧有鄰居移民澳洲，我便誠懇地向她請教，她告訴我：近來台灣和紐西蘭的人民大量移居澳洲，該國面積與大陸差不多，均以畜牧為主，當地產大量的黃金，頗適合居住，等等。

當時澳幣外匯的利率約為百分之五，而台幣一年定存的利率僅百分之一點六，澳幣的利息足足比台幣高出兩倍多，如果買了被套牢，即使賺不到匯差，光是利息也比台幣划算，經過考慮後，我決定投入澳幣外匯的買賣。有時想到台幣利息那麼低，著實叫人心痛，百姓賺錢不易，銀行卻賺取大量的利息。投資外滙，匯差的浮動必須考慮在內，因為我不是學經濟的，所以只能以最笨的方式去計算，把澳幣本金當母雞，利息比作小雞，當母雞價格上漲有匯差可賺時，便可隨時出脫，連本帶利均有進帳，一舉兩得。玩外匯比

較輕鬆又無風險，不像股票萬一買到地雷股，就會弄得血本無歸，而大部分的股票族均為退休軍公教人員或家庭主婦，萬一不慎將老本賠進去，就可能招致生活、身心的雙重打擊，所以一定得小心謹慎。

我在澳幣二十四元左右買進一些，上漲至二十五元左右出手了大部分，剩下小部分則在二七・五元左右全部賣光了，之後也曾漲到二十九元上下，但我沒有貼錢將它補回，這是我投資的原則，我會考慮在二十五元左右再買回一些，但如果一直沒有回檔，便會另尋其他投資管道，而放棄苦等或加碼搶進。目前我仍投資了美金和南非幣，南非幣的利息尤其高，月利率達百分之八點五，是目前外匯市場中利率最高的，但整體而言，仍不宜投入太多本錢，因南非雖金礦豐富，但國內仍有抗爭和內亂，雖值得投資，但仍需謹慎。

此外，人民幣也是不錯的貨幣，不但可以賺利息，也可賺匯差，可惜台灣不能投資！

債券和基金的投資也可以考慮，但要慎選亞洲地區未開發或剛起步的為佳，雖有人看好亞洲，認為至少可旺十年，但依我的想法，還是要觀察局勢，風險提高或是賺得差不多時，就要脫手，因為最保險的作法，是讓錢入袋為安，帳面上賺多少都沒有用，能進自己口袋的才算自己的錢。

數年前，世和經常說我：「妳賺那麼多錢幹什麼！每天跑股票市場、又是房地產，妳不嫌累呀！」回想數年前如果我不拼命賺錢，如今世和病倒了，連外傭都請不起，只能躺著喊救命了。世和個子高大，八十餘公斤，我僅五十公斤左右，連他一隻手都拉不動，實在很辛苦。我常想人活在世上只要能動，有機會有能力賺錢，就一定要把握，錢用不完可以作善事，可以捐款給慈善機構或是宗教團體，如今我因賺錢感到無比的快樂。錢財須取之有道，不賺不義之財，但在取捨之間，也不要給自己太大的壓力，也要衡量健康和能力，畢竟身體是父母所賜，不能隨意輕忽，好好地照顧自己，也是一種孝順。

小女兒如珊出世

民國五十三年某日回娘家看延智，母親一直勸我再生個孩子，在老人家重男輕女的觀念下，母親認為運氣好也許能生個兒子，而我心想延智由母親幫忙帶著，或可考慮為家裡再添個孩子，在與世和商量之後，第二年的農曆六月十六日下午一時許，我在台北婦產科醫院生下小女兒如珊，因為她的出生與延智相隔多年，所以生產過程很辛苦，大約經過二十個小時，她才姍姍來遲，所以就取名做如珊。由於生延智時，我產後沒有好好調理，以致胃痛、胃下垂等病接踵而來，世和為了好好調養我的身體，不想假手他人，於是三餐飲食都由他包辦，也由於他的用心，我的身體漸有起色，真是十分感謝他。

如珊從小就寡言沉靜，成天悶不吭聲地彈她的玩具鋼琴，也不太找朋友去玩，總是喜歡獨自玩耍，但有時也會和我撒嬌。我因工作的關係，沒有很多時間陪她，但常在她向我撒嬌的時候，對她講些有意義的故事，或者用功讀書及做人做事的道理。我一向不打小孩，最多只是罰跪，而在我印象裡，讓孩子們罰跪的次數大概也不超過三次吧。如珊是家裡最小的孩子，在三個孩子中，我照顧她的時間也最多，因此她成天都和我黏在一起，我無形中也比較疼愛她。她自小比較內向靜默，不太會表現自己，不像如瑜從小到大獲得獎狀無數，各種才藝比賽都表現傑出，而我大概也因為延智的緣故，對如珊功課並未有太多的要求，總覺得只要身體健康就好，其他無所謂。如珊景美女中畢業後，大學聯考考得不理想，考上文化大學中文系，她心裡難免失望，但我卻想只要有大學念就很不錯了。

如珊的學業和婚事

如珊大二時，有一天中午下課回來，告訴我說：媽，我考了第一名。當時我緊緊抱著她，眼淚差點流下來，沒想到這個從小功課平平的孩子，居然能在大學考第一名，我真是太意外了。大學畢業後她決心考研究所，當時我的內心感到無比欣慰，孩子能有上進心是值得鼓勵的，但她系上有位老教授曾再三告誡她：文藝組的學生（非學習古典中國文學的傳統中文系）考中文研究所非常困難，建議她改考其他研究所，但如珊很執著，她覺得自己可以試試。因此自大二開始每逢暑假，她一大早就到陽明山與同學一起看書，直到晚上才回來，大學畢業後果然以第四名考取本校的中文研究所。她碩二時開始兼家教，並在台大的史丹福中心教華語，半工半讀三、四年，直到拿到碩士學位、結婚、考上博士班之後，便辭去所有的工作，專心攻讀博士。

記得之前某夜我勸她，不必辛苦再念博士了，碩士畢業可以教高中，能有份安穩工作就可以了。她卻告訴我：媽，當初考上私立大學，是塞翁失馬，激起我用功讀書的念頭，如今我念完碩士，還想要繼續讀博士，因為我喜歡研究工作，也喜歡教大學生，這是我的樂趣和理想。於是我就順著她，在她博士班入學考試放榜的那天早上，她沒有到學校去看榜，她的指導教授金榮華老師打電話來，說她考到榜首，這對文藝組畢業的她而言，實在很不容易。我聽了真為孩子感到高興，而十多年來，她也一直在母校任教。

如珊自小便有自己獨特的想法，碩士班時見她與男友感情融洽，某夜我和她討論男女感情之事，問她是否會因男友的學歷沒有她高而影響兩人的感情？她明確地表示，該在乎的是對方能否真心付出、用心對待，至於學歷、地位、錢財都是屬於他個人的外物，對她並沒有多大的意義，而每個人都該努力去爭取真正屬於自己的東西。我聽了以後，覺得她的想法很特別，也很正確，後來便答應了他們的婚事，也了卻了我的一樁心事。還記得如珊結婚的那晚，喜宴結束後，世和與我回到家中，坐在沙發椅上，我倆都有一種責任完成如釋重負的輕鬆。這是我們最小的女兒，她也開始有自己的家庭，準備經營自己的人生了。

如瑜的婚事和學業

大女兒如瑜與女婿高大威是淡大中文系的同班同學，畢業後大威考上政大中文研究所碩士班，如瑜為照顧他的飲食起居，大學畢業後半年便決定結婚。記得某日傍晚如瑜的老師打電話到家裡來，認為她功課不錯，應繼續升學，報考研究所。當時我雖認同老師的觀點，但孩子們彼此相愛，而且如瑜暫時也沒有繼續讀書的意願，還考慮到大威母親已去世，必須有人照顧他的生活，讓他能全心全意攻讀學位。我雖多有不捨她這麼早走入家庭，扛起生活重擔，但又想她能為丈夫學業前途著想，也是一種愛的表現，我又怎能不成全他們呢！

如瑜很上進，她在孩子上小學時，晚上讓我幫她照顧孩子，抽空唸書，半年後，考上東華教育研究所碩士班，為了寫碩士論文，還曾前往大陸培訓華語教師，任教務主任一年，之後將訓練的過程寫成碩士論文。畢業後四年，師大華語文教學研究所招考首屆博士生，僅有三個名額，她被錄取了。我為此高興許久，最難得的是她一邊在師大博士班當學生，一邊在中原大學當專任老師，假日還要回埔里陪先生和孩子，有時見她南北奔波，真是不忍。縱使工作、學業、家庭三頭奔忙，她的作業總是會準時交到教授手裡，還獲得獎學金，她的認真態度令我又高興又擔心，高興的是她的努力獲得了肯定，擔心的是她的忙碌會累壞身體。

還記得她小學一年級的第一次月考，考了第一名，我買了一個藍色的削鉛筆機送給她，作為鼓勵，同學都跟她借去削鉛筆，她自己也覺得很有成就感。前幾年如瑜考取碩士班時，她已為人母，卻仍能繼續上進，這點讓我非常感動，而我為了鼓勵孩子們在學業上的努力，包了兩個數萬元的紅包給兩個女兒，或許是因為我年幼家貧，金錢是我能想到最實用的禮物。我從小沒有很好的求學環境和機會，但看到孩子們能在課業上努力追求、認真負責，在社會上成為有用的人，我竟比自己的獲獎還高興，這是養育子女的另一種滿足感。

外孫文瀚出世

民國七十八年七月十一日，我和朋友正玩著麻將無法分身，如瑜要到國泰醫院待產，生怕我擔心，臨出門時還告訴我她要出去走走，不要找她，我信以為真，沒去理會。原來她已超過預產期了，醫生囑咐她到醫院催生，當天住進醫院，第二天中午接到她的電話，說她肚子劇痛，生不出來，聽到這消息令我坐立不安，還好過了半小時，大威來電話說已經生了，是個男孩，我心中的一塊大石這才落了地。因胎兒在腹內太久，以致肺部吸入穢物，因害怕影響胎兒健康，所以住進保溫箱，待醫師確認沒有異狀後才回家做月子。

還記得如瑜回家後的第二、三天，孩子哭鬧不停，於是我到她家幫她看看，我把孩子接過來，讓他貼著大人的胸口，在背部輕拍幾下，孩子終於不哭了。事後我們猜想，應是孩子在母親肚子裡，都是緊貼者母親，出生後四周沒有依靠，失去安全感，因而驚嚇哭鬧，當他靠著大人胸口，聽到母親心跳聲，猶如熟悉的環境，所以就能安心入睡。

文瀚自小有過敏體質，除了異位性皮膚炎，還有氣喘，也曾因此入院掛急診。因為他的過敏體質，無法喝一般的牛乳，只好使用特殊配方的奶粉，所費不貲，但為了孩子的健康，只能咬牙度過。文瀚出生後便請保母照顧，兩歲半時送到國防部單位附屬的托兒所。當時大威曾詢問過許多天母地區的托兒所，不但費用昂貴，且活動空間有限，設施多不如國防部單位附屬的托兒所，於是我以我們夫妻倆退伍軍人的身分，讓文瀚以眷屬的身份進入就讀，而托兒費也另有折扣，得到不少優待。

文瀚讀托兒所時，如瑜下班時間約五點多，但娃娃車四點左右就會回來，因此都是由我或世和去接他。這孩子很乖，下課回家後，總是自己玩小汽車模型，從不吵人和哭鬧，因此我們從沒打罵過他。有時春秋季節氣候涼爽時，他會要我帶他到忠誠公園去坐電動小汽車，但他坐起車來就捨不得離開，我只好騙他身上只有一百元而已（小汽車坐一趟十元），看到錢花完了，他才一副失望的表情，無奈地回家，現在回憶起來，那段陪孫子玩的時光也真是有趣。

文瀚因他父親轉到暨南大學任教，全家搬至埔里，在埔里國小就讀，不久之後，發生九二一大地震，暨大暫遷台大，文瀚也跟著回台北，在雨農國小讀書，但城鄉教育的差距，使他功課幾乎跟不上同學，名次落到三十多名，讓他難過許久。小學畢業後，為能讓文瀚得到更好的教育，於是他父母親讓他參加台中私立明道中學的入學考試，他也很幸運地被錄取。入學後，功課名次並不理想，但他很用功，據老師說，他常在熄燈時還在努力讀書。明道中學六年畢業後，文瀚參加大學甄試，如願進入第一志願台大化學系，讓我們非常高興，這除了是他努力的成果，也是上天的厚愛。

外孫女翩翩出世

民國八十九年九月四日，翩翩於台北榮總出生。在九月二日晚間，我們一家四人，世和、如瑜、如珊和我，聚在一起玩麻將。如珊平時打牌總輸，那晚卻大贏，當晚牌局結束後，我很疲倦，十點多便上床睡覺，留下她們兩姊妹和文瀚聊天看電視，沒想到十一點多時，如珊沒有太多不適，卻先破水了，因怕我擔心睡不好，於是三人悄悄坐計程車入院。因當天是週末，次日是週日，醫生也沒看診，於是在待產室催生，直到週一清晨醫生才來進行剖腹產手術，其間我和世和來去醫院好幾趟，看如珊痛苦的模樣，真是心如刀割，所幸母女都平安。

因為如珊懷孕時孕吐嚴重，導致胎兒過輕，翩翩出生時僅二四四八公克、四十四公分，護理人員告知需另外觀察，且為求謹慎，一一向我們說明嬰兒的狀況，包括額前因擠壓出現的痕跡、背後的青斑，甚至是她的雙斷掌……，女婿建和沒有經驗，聽護士這麼一連串地說著，嚇得愣住了，以為孩子不健康。但我看到翩翩在保溫箱的模樣，拳打腳踢的，活潑得很，應該沒問題才對，後來向醫師詢問，才知只是體重不足二五〇〇公克，需要多觀察幾日罷了，我們這才放心。當時在醫院，建和還為翩翩做了自費的心、肺、腎等的超音波檢查，發現她的心臟軟圓孔未閉合，醫生表示這要持續觀察，但不用太擔心，因為多數的孩子過幾年就自動閉合的，果真在翩翩兩歲時，洞孔就閉合了。

翩翩是個精力旺盛的孩子，睡眠少、活動力大，幼兒時期我們還擔心過她是不是過動兒，後來發現，她有很好的專注力和學習能力，並沒有過動兒的學習和溝通的障礙，只是體力充沛而已！翩翩的專注和學習能力，使她每每要求主動學習新事物，包括直排輪、英語、繪畫、鋼琴、跆拳道、珠心算、舞蹈等，而學習時總全神貫注，效果也很不錯。只是她個性強，又執著，唯恐她遇到挫折時無法坦然面對，這將是她要學習的另一種功課！另外，她的台風穩健也是很難得的，她在大班時參加英文說故事比賽，也參加團體和個人的鋼琴演奏，都能不怯場、從容不迫地完成，這是相當不容易的。

翩翩還有一點令我非常感動，那就是她是個很有愛心的孩子。當她懂事起，世和便已不良於行，她為了讓公公能多活動，她常常很有耐心地陪公公練習丟球，訓練手勁，而不會因為害怕病人而躲

遠，是個很貼心的孩子。現在她已就讀雨農國小二年級了，小一第一學期結束時，她很高興交到許多新朋友，也沒有新生入學的問題，而且還得到模範生和第二名，在何嘉仁的菁英美語課中也得第一名，我真為她感到高興，希望她能好好地成長，以後成為一個有用的人，對社會有所貢獻。

王母娘娘的庇佑

民國七十年間我母親全身病痛看醫生服藥均不見效，當時世和身體尚稱健朗，母親要我到新店無極靈天宮（俗稱王母娘娘廟）問神，看看她到底得的是什麼病。當時我頗不以為然，因為擔任軍職多年，也不曾相信任何宗教，但母命難違，只有奉命行事。於是打電話到廟裡掛號預約，請世和開車載我前往，我在晚間八時左右到達廟裡，當晚女乩童問我和這位老人家是什麼關係，我告訴她是家母，她直接告訴我她脾氣很壞，喜歡罵人，要我轉告母親多留口德才會長壽，另在傍晚時分以菜餚向某方向祭拜（細節已記不清了），沒想到母親的病痛真的逐漸好轉，又活了十年左右，最後是因有糖尿病史，再加上盲腸炎引發腹膜炎而往生的。

大約是替母親問病後的兩年，我因長年鼻子過敏，呼吸困難、胸口悶，半夜常因鼻塞不能呼吸而醒來，耳鼻喉科大夫建議我開刀，但我對開刀心懷恐懼，世和便又陪著我去請示王母娘娘。當時娘娘表示：妳這種鼻病不用開刀，嚴重時找醫生看看就可以了。所以我也沒再考慮開刀的事，這事至今已有十多年了，也或許是練氣功的關係，我的鼻病未見惡化，甚至似乎好了許多。

還有一事，也讓我非常感謝王母娘娘。在民國六十多年美匪建交期間，我在娘家附近買下一戶房子，原本按月收租，但每每要麻煩大弟奔波處理雜事，內心常感不安，正巧有一同姓親戚想買這間房子，我很猶豫是否該把這房子賣掉，因為賣後的房款真不知該如何投資才會更有價值，於是又想到去新店請示王母娘娘。當時還沒有捷運，世和開了一個多小時的車才到達，當時還有鄰居梁太太一同前往，我用杯筊四次向王母娘娘請示：是否可將賣房子的資金投資股票；或可轉作定存；或到台北再買一戶房子；或轉投資朋友的生意。結果都沒獲得肯定的答覆，當時我真想不出還能怎麼處理這筆錢，而梁太太也拉著我要我先回家，改天再來。但硬脾氣的我非得擲出聖杯才肯罷休，最後我終於想到家裡附近正好在蓋新屋，或可就近買一戶屋子，便於就近照顧，沒想到果真得到聖杯，真是高興極了，於是回到家立刻打電話給親戚，同意將娘家附近的房子出售。第二天和世和開車回娘家取回十萬元訂金，交給台北的建設公司，簽約買下芝山岩旁的一戶房子，記得蓋好的第三年房價便暴漲一倍，但我捨不得出售，因為這房子面積雖不大，但格局方正，背倚芝山岩，空氣清新，屋後還有步道可散步，清晨運動也很方便，想到這棟房子，我更是感謝無極靈天宮的王母娘娘給我的指示。這棟房子大女兒先住了多年，後來出租一段時間，近幾年小女兒住著，這十多年來，每逢過春節為感念王母娘娘給我的庇佑，總不忘為廟裡添些油香，聊表心意。

父親的驟逝

民國七十九年的農曆正月初五，天氣忽然變冷，父親因年邁無法適應突然變化的氣溫，傍晚忽然覺得胸口有如磚頭撞擊，疼痛萬分，他將情形告訴母親，並交代櫃子抽屜內有些錢等事，大家便匆匆將他送往醫院就治。父親之前從未有過心臟方面的疾病，萬萬沒想到檢查的結果竟是心肌梗塞，而且急救無效，當晚往生。接到噩耗，我頓時茫然，不知所措，恨不得一口氣飛奔回家，次日回到彰化娘家，見到冰冷的遺體安置在大廳門邊，我依本省習俗，跪著進門見父親最後一面。這真是天人永隔了，父親再也無法開口和我們說話，他再也回不來了，生命的無常和無奈，使我無限感傷。

出殯當天，母親因突然失去老伴，悲慟萬分，放聲大哭，讓人心碎，姊妹們也不知所措。當時我想，母親頓失依靠，對往後的生活必感不安，為能讓母親安心，我將母親牽到她臥室，允諾之後每月寄五千元給她零用，要她放心往後的生活，聽完我的這些話後，母親似乎放下心上的重石，停止了哭泣。

此後，母親和我的互動關係似乎更密切了，每逢我回娘家，她總是關心我做股票的情形，擔心我的生活會受影響。在母親最後的幾年人生中，我更深刻地體認到，親情是無法替代的，能為父母付出，不僅是一種孝心，也是一種享受。唯獨自小疼我最深的父親，卻沒給我機會盡孝，父親的匆匆離世，讓我萬分不捨，也十分遺憾。

世和的腦部病變

民國七十一年，世和申請退休，不久後買了一部喜美轎車，我倆偶爾帶著延智一起去陽明山泡溫泉。或許是因為山上沒有工廠，汽機車也少，較少汙染源，每次一上山就覺得胸口特別舒坦，常常玩上一天也不感疲累。在天氣好的日子裡，我們有時帶著茶飲、滷味、躺椅，到山上乘涼，中午在小店裡點盤炒麵、叫個小菜，吃吃喝喝、說說笑笑，真是愜意，直到太陽西下，才開車返家。我們有時也會在傍晚時分，一起到故宮博物院上方的外雙溪山頂看夕陽，遠眺台北市景，那兒非常清幽，很適合情人談心，對我們老夫老妻而言，倒也是一段輕鬆快樂的歲月。但可惜好景不常，世和在幾年後腦部病變住院，這種愜意的生活也不再了。

民國七十六年七月四日，世和參加同學晚輩的喜宴，接著通宵摸八圈，次日清晨回到家中，頭部劇痛、嘔吐、臉色發青，當時誤為高血壓，曾到私立醫院和榮總取回高血壓藥服用，但均未見效，兩天後病情加重，頭痛加劇，疼痛程度前所未有。於是請託好友當時的台北市議員劉樹錚先生，就近安排到陽明醫院做詳細檢查，經李克怡主任進行脊椎穿刺檢查後，確認為腦部出血，因當時醫院沒有腦部斷層掃描設備，所以即刻轉往國泰醫院就診，由當時腦部主治醫師黃金山醫師接手治療。但世和到國泰醫院時，沒有床位，只好暫留急診室，沒想到當天夜裡十二時開始呼吸急促，急診部主任告訴我們，這種腦部病變無法用強心針等急救，只能插氣管讓他呼吸不受異物阻塞，其餘的只能靠家屬的親情呼喚，加強病人的求生意志，喚回他的意識，於是我們大聲叫喚了約一個小時後，世和似乎開始有些知覺，到了清晨兩點左右，終於慢慢清醒過來，臉上也有點血色。

次日上午開始進行手術前的各項檢查，晚間十時推入手術室，十二時左右黃醫師進入手術房，我們全家在手術房外等候消息，直到清晨五點多黃醫師才帶著一臉倦容從手術室走出來，我問醫師世和的病情，黃醫師雖然很累，但仍讓我們到隔壁的辦公室，畫圖向我們解說腦內出血的情形，並告知血管出血處已用兩個夾子夾住，半年內不可太激動，以免腦部受刺激發生危險。當時聽完之後，我感到非常憂心，但想到黃醫師連夜開刀的辛勞，以及他從手術室走出來，四肢無力、疲憊不堪的模樣，任誰見了都會感動，自那時起，我便對醫師有更深的尊敬和感謝。回想小學時期，父親曾教導我：「醫生是救人的，見了醫生、老師必須要有禮貌。」父親自小受日本教育，對長輩孝順、不體罰孩子，也不說三字經，直到目前為止，我見到那些三字經脫口而出的男性，仍感到難以適應。

世和在國泰醫院足足住了兩個月，當時還沒有健保制度，又是私立醫院，幸而還有勞保，否則這些醫療費用真不是我們能夠負擔的，當時腦部開刀和相關費用就將近一百萬台幣，貴重藥品也需自費。還記得開完刀次日早晨八點多鐘，大家在醫院附近的旅館休息，醫院助理醫師來電話，說世和必須注射一種針劑，價格是台幣八千元，因為銀行尚未開門，我請他幫忙先替世和注射，待銀行開門即刻提現給他，助理醫師卻告知依規定得先繳錢才能用藥，於是我只好趕回家取私章和存摺，再到銀行提錢繳費，這種世情冷暖真是一言難盡。

手術後十天左右，世和自加護病房轉到普通病房，醫師囑咐動腦部手術的病患，有時會有失去記憶的情形，生活中的大小事，諸如拿筷子吃飯、握筆寫字等，都有可能要重頭學起，因此若能雇請特別護士協助照顧，對病患和家屬的重新適應會較有幫助，因此那時為了能讓世和早日康復，我們便以當時很高的價錢，每晚三千六百元，請了好一段時間的特別護士。之後，世和在醫院的日子，白天多由我看顧，晚上則由小女兒和當時還是朋友的小女婿林建和幫忙，建和照顧世和有如親人般細心，直到他接到兵單去當兵為止，讓我深深的感動！

關於腦部開刀病人的記憶錯亂，我們也真的碰到了。世和開刀後的四、五天，黃金山醫師來查病房，測試他的認知，於是問他：你旁邊的這個人是誰？你認得嗎？沒想到他竟回答：這是我的二老婆。醫師又問：那你有幾個老婆？他說：三個。我和孩子在一旁都快笑了出來，但為免他尷尬，只好一直忍著。許多短期的記憶，他都很快遺忘，但是有些事，卻像是本能一樣，開刀後仍能掌控，如開車、閱讀、修理家中的小東西等。但有時也會因開刀之故，變得較為固執而不易溝通，無論如何，那段重新開始的歲月，我們也一步步地走過了，個中辛酸大概只有家中同有這類病患的家屬才能深刻理解。

東南亞旅遊的見聞

世和腦部手術後第三年才逐漸恢復原有記憶，但脾氣暴躁，與手術前判若兩人，經常無法控制自己的情緒，這些手術後遺症帶來的反常舉止，讓人難以適應！於是我開始試著調適自己的心情，每年出國旅遊二、三次，一方面散心調劑生活，一方面參觀外國風俗民情。

第一次旅遊是到泰國，當地的氣候比台灣炎熱，水果比台灣的甜脆，例如香蕉、芭樂、蓮霧、楊桃等，但人民因氣候環境而懶惰，每到下午兩點以後常有成群年輕人圍在廟外聚賭，而且幾乎各廟均如此，我覺得非常奇怪，便請教導遊，他告訴我說：「泰國人今天賺夠明天花用的就好，不想再多工作。」當時我就在想，這與台灣人的民族性不同，在台灣，人人想賺錢，拚命儲蓄，雖島嶼狹小，但外匯存底卻排名世界第三，這是祖先遺留下來的勤儉美德，我們晚輩應將此美德發揚光大。

第二次出國，是去南韓，當地氣候寒冷，見不到裝有冷氣的房屋，街上和公共場所如公園等，都非常乾淨，沒有紙屑或狗屎，但物價頗高，一瓶普通的牛乳就比台灣昂貴，若購買人參等補品則價格與臺灣差不多。但旅行團提供的中晚餐菜餚實在讓人難以下嚥，也飽不了肚子，也許這是因為我們台灣人不習慣冷食和辣味的緣故。在我遊玩過的十多個國家中，韓國算是較不吸引我的旅遊景點，但藝術表演方面卻比泰國高級許多，同樣是上空表演，泰國的給人低俗感，南韓的則讓人感覺高雅。

在東南亞地區中，讓我最想重遊的是印尼峇里島，當地的氣溫約二十度上下，空氣清新無汙染，飯店佈置很優雅，入夜安靜，景觀優美，早晨在庭院的小涼亭內用餐，可以觀賞餐廳的煎蛋表演，中午則乘坐玻璃船出海，觀賞形形色色的魚類在水中游來游去，顏色鮮豔美麗，讓人回味無窮。中餐在船上享用海鮮餐，餐後還可以下海游泳，或在船上吹海風、唱歌、聊天，十足的渡假感受，難怪許多新婚夫婦都嚮往去峇里島度蜜月，但自從遭恐怖份子攻擊後美景已大不如前，真是可惜！

德國旅遊的收穫

我和世和在歐洲遊玩了幾個國家，我們住在德國波昂的姪子家，當時是四、五月份，氣候溫和，但清晨溫度很低，德國人在室內均全天開著暖氣，但他們的電費比我們的便宜許多，兩個月才約合台幣二千元左右。當地的市區建築均為歐式的兩層樓店面，外表看來堅固美觀，住家大多是離市區遠些的別墅，也有部分的公寓式建築，一般民眾稍微有錢的都住在別墅。我姪子家也是別墅，院子很大，原有游泳池，目前已改成花園，姪子為德國波昂針灸醫師，太太為德籍持有世界珠寶鑑定師執照，育有一女一男，家庭美滿。

當地的教堂外觀雄偉，雕刻藝術工法細緻，精美程度無法用筆墨來形容，讓人大開眼界。

當時約民國八十一年間，我們剛抵德時，有位姪子的好友請我們在德國的中國大飯店用餐，點了數樣菜，每盤菜均用公筷，餐後客人還主動將剩餘的飯菜打包回家，當時讓我覺得很奇怪，他們為什麼那麼節省，但是主人表情毫無異樣，覺得理所當然似的，這件事讓我頗疑惑，過了數天，在與姪子聊天時，和他談到台灣人在飯店用餐，為免寒酸，通常不會打包剩下的飯菜。他則表示，德國人向來節儉，在飯店用餐，因為是主人出的錢，為表珍惜、不浪費，均會帶回家再食用，或帶回餵小狗等，我聽了恍然大悟，覺得這是他們的生活態度，與經濟環境無關，以現在的觀念來說，也是一種珍惜資源的表現。回想我們台灣實在太浪費了，常見喜宴後將大盤剩餘的菜肴倒掉，實在太可惜，怪不得有人批評台灣人一年吃掉一條高速公路。若以當時台灣的經濟飛躍和現在的經濟窘境相較，我們實更應懂得珍惜才對。

在德國，我們曾從萊茵河上游一直玩到下游，並橫渡、觀賞萊茵河的風貌，河的兩岸青草翠綠，景色怡人。每逢週末，當地人總是開著休旅車在河邊過夜，車上備有寢具、衣物及食品等。夜宿郊外，不但空氣好、清靜，又沒人打擾，還不需花旅館費，真是一舉數得。另外，每到下午三、四點，在比較熱鬧的市區，例如波昂、科隆附近的萊茵河邊，均有咖啡座可享用咖啡和冰琪淋，到四、五點時又可觀看夕陽西下的美景，坐在河邊微風徐來，那種擁抱自然的享受，使我一輩子難忘，每回憶到此，便希望能在有生之年舊地重遊，可惜體力已大不如前，每每想到去歐洲，得花上二十小時左右坐飛機，就很恐懼，長途飛行實在太辛苦了。

在德國另有一大收穫，就是世和戒了四十年的菸癮。在前往歐洲的飛機上，由於規定不能抽菸，使世和頗生氣。到了姪子家後，某日閒聊起機上禁菸這件事，姪子表示他可以用針灸幫世和戒除菸癮，我們當時半信半疑，次日開始姪子便為世和連續扎耳針三天，之後隔天一針，一個多星期後，世和真的不想抽菸了，回到臺灣時已完全戒掉了菸癮，這對他腦部開刀後的健康是大有幫助的。

大姊秀霞去世

大姊秀霞是我同母異父的姊姊，我們彼此感情很深厚。在我出生後三年，母親接連生了兩個弟弟，大弟因患小兒麻痺症，不良於行，所以母親除了照料兩個弟弟和處理家事之外，已無暇照顧我的生活起居，於是秀霞就姊代母職，把我看作女兒般照顧。記得小時候，秀霞每日清早便需起床準備全家的早餐，以及我的午餐飯盒，有時她動作慢了，我怕遲到就鬧脾氣不帶飯盒，讓她很著急，甚至拿著飯盒追到馬路上，一定要我帶到學校去，免得餓肚子，如今回想起來，自己真是太不懂事了，竟無法體諒她的用心。

秀霞年輕時，皮膚白皙，身材中等，在我們鄉下算是頂漂亮的女孩，當時大舅本想讓表哥與她成婚，親上加親，但因父親強烈反對而作罷。秀霞二十三歲時有媒人來說媒，對方即後來的姊夫李楹推，從事鐘錶修理工作，姊夫父親早逝，兄弟皆由寡母一手帶大，經濟環境尚可。大姊婚後夫妻感情不錯，兩人都很節儉，不但買下店面，也為相繼出世的孩子都購置了房產。但在大姊七十歲左右，因腳傷醫治無效，常因腳疼而行走困難，只能整日待在家中，也沒親友陪她談心，再加上被人倒債，最後竟憂鬱成疾，雖數次尋死獲救，但在九十七年六月中再度仰藥，六月十五日宣告救治無效，無法挽回生命。我知道消息後，本想到醫院見她最後一面，但卻沒能趕上，留下幾許遺憾，以致每每看到她的相片，淚水都不禁奪眶滑落。

大姊患病這些年，由於高血壓、糖尿病、腳痛等，再加上憂鬱症纏身，使她萬念俱灰，失去求生意念。每回見到她，她都淚眼相對，讓我非常不忍，但又不知如何勸解。記得大姊離世後的當天中午，姪媳讓我進屋和她道別，我在廳裡看到她的遺容和生前一樣，模樣和藹安祥，我真心希望她能把所有的悲苦都放下，好好地走。

學習養生之道

我自四十歲動過婦科手術後，一直腰部痠痛，不能久站，曾為減輕病痛，每週上陽明山泡溫泉三次。我常和朋友、世和到六窟的個人浴池，當時那兒的費用是五十元，用餐另計。我總是入池前，先在池外舀水沖洗並按摩全身，然後入池泡五分鐘，再到池外做一下柔軟操，再入池繼續泡，這樣進出浴池數次，全身感覺很舒暢，並有些睏意，便結束泡浴，到外面庭院休息，補充大量水份，如果餓了，就點碗麵吃，然後在樹下乘涼，呼吸新鮮空氣，最後打道回府。

泡過溫泉的晚上，我總是睡得特別香甜，腰痛也的確比以前減緩許多，但是之後發現我的皮膚偏乾，並不能常泡溫泉，因此也就很少去了。世和腦部手術後，身體虛弱，友人告知美國回來的尹老師正在教氣功，我夫婦倆便報名參加，十多年前的學費便需數萬元，學習兩個月後，每日清晨在自家八樓頂練習，大約練了三年，不但排泄均較以往通暢，更明顯的是練完氣功後，可以接著做家事到中午，精神不覺疲累，因此我深信氣功對健康的幫助，就連大颱風天也照常練功。我想這十多年來的氣功練習，對我自幼病弱的身體真是有效呢！因此我期望在有生之年，將氣功學習的過程讓兒女和孫子們了解，並且共同來學習，更希望他們身體能夠永遠健康。

練習氣功的心得

(一)中國內功的主要目的

打通任督兩脈使氣血暢通，利用運氣使全身上下氣順，血液循環流暢，精神奮發。

(二)運氣的環境

宜在清晨起床後空腹時，並儘可能在榕樹或松柏下進行，以達青春長駐之效，其中尤以榕樹效果最佳，因為這類樹散發的芬多精，吸入體內能增加抗體，身體會日益健朗、精神飽滿、減緩老化，但切記不可在中午或晚間十二時進行，以免產生反效果。

（三）運氣的要領

首先站立（或坐直），膝蓋稍微彎曲，兩臂自然下垂，肘部彎曲，雙腳打開與肩同寬，閉雙眼，舌尖頂上顎，提肛，心中不可有雜念，聚精會神，不受外在干擾，以意念將全身的氣集中在胸口，讓氣往下走，慢慢會感到有如一股暖流在游動，從前胸一直走到腳尖，再從腳尖往後上走至肛門、臀部、腰部，再從脊椎到雙肩及頸部，最後到頭頂。然後眼睛張開休息一分鐘，再閉上雙眼，步驟同前，再從頭部走到眼睛、鼻子（鼻過敏的人鼻子處多留片刻），再到口腔、頸部及最初的胸部處，如果身上顫抖未停，可繼續運功至顫抖停止。運氣結束時，必須要收功，男左女右（即男性將左手大拇指與食指叉開，女性則以右手），按於肚臍上，並使肚臍位於虎口間，再將另一隻手（男右手，女左手）壓於其上，使兩手虎口呈環形，圈住肚臍，閉雙眼，吸口氣，舌尖頂上顎，憋氣一分鐘左右，再慢慢吐氣，即告完成。

（四）運氣的時間

每回運氣最快也需二十到三十分鐘，俟動作熟練後，雙手或全身會顫抖，顫抖時必須自然放鬆，俟顫抖停止後練功才告完成，千萬不可強迫停止顫抖，以免產生反效果。每日最好能在清晨和晚間各運氣一次，或至少清晨或晚間做一次。做後精神百倍，做事較不感疲倦，而且也不易感到飢餓，尤其不會增加體重。

（五）運氣的反應與局部的保健

初學氣功者不會有明顯的反應，練了一星期後，只覺得口水增多，約半個月至一個月後，會打嗝或排氣，這表示身上的氣已經在走動，產生了作用。根據個人經驗，練完功後因血液循環好，手心有熱能，如果身體某部位虛弱或疼痛，可用雙手輕按或按摩患部。例如腸胃不適，可將右手順時鐘搓揉腹部三十下，左手以反方向再搓揉三十下，甚至將雙手置於胃腸上，也可減輕些痛苦。如果年長者膝蓋骨畏寒，在運氣時可將雙手置於膝蓋上練功，以減緩膝關節老化和疼痛，空閒或看電視時，亦可將雙手按在膝蓋上，五分鐘後便可見效。又如氣管不佳者，冬天不易入睡，可將手置於頸部下方，呼吸便可感到舒緩，很快即可入睡。再者女性常患腰痛，可用雙手以脊椎為中心，兩手置於脊椎兩側，從上往下（單向）搓三十至三十六下（不可由下往上），每日一至二次，也可於如廁時做，非常方便。以上為個人練氣功的經驗所得，有助減緩身體不適，但若真有病痛，仍應儘快就醫。

我的每日晨課

初學氣功的前幾年，我每天到自家樓頂練功，雖感覺精神不錯、有活力、較不疲倦等，但氣色並無明顯改變。有一回，突然想到或可到公園樹下練功試試，一段時間後，發現兩頰開始紅潤，氣色變亮，這是自我懂事以來不曾有過的情形，這讓我領悟到芬多精的功效。但近年到公園晨運的人越來越多，非常吵雜，且時有蚊蟲干擾，不易專心練功，所以改成在室內開著窗戶，面向戶外練功，並做些柔軟操，然後再到公園去運動。

每日在家練完功後，便利用手心的熱能，以兩手做眼睛、頭頸、手腳、腰部等的按摩，然後再做些柔軟操。例如單手扶牆或桌椅，兩腿各甩動九次，再做腹部左右擺動各九次，然後緩慢彎腰前後各九次，大多以九的倍數為基準，結束後再喝下大量的水，幫助代謝。之後稍用早飯，通常會包括一個白煮蛋的蛋白，然後再到公園找棵茂盛的榕樹，在樹下深呼吸和提肛，然後兩腿拉筋各十八次，甩手運動一百次以上，再做左右擺手動作四十五次，最後在榕樹附近與晨運朋友話家常，我的晨課便告結束。

這些運動都必須持之以恆，方能見效。記得數年前有位朋友告知練氣功太費時，只需做長生學即可，沒想到大約休息了一週，便覺得頭痛不對勁，告訴那位朋友，朋友建議我還是應繼續練氣功，此後即使是颱風天，我也不敢懈怠。

人的雙手非常寶貴，應多加利用，尤其當我練完氣功時，雙手都熱呼呼的，就是利用這股熱氣按摩患處，效果極佳。例如兩年前有位朋友告訴我，用右手由左下頸部單向往上搓二十七次，再用左手由右下頸部單向往上搓二十七次，然後將右手置於頸部，左手置於後腦頸，以手心溫度熱敷，時間長達五分鐘以上，並持之以恆，我兩年多來從未間斷。我原有支氣管擴張的問題，一感冒便咳得厲害，甚至造成氣管出血，很難痊癒，但這樣按摩以來，雖偶有小感冒，但氣管的問題似已解決，未再咳得出血，真是感謝這位朋友。

我因性子急，還患有大腸激躁症，有時便秘，有時腹瀉，更常常脹氣，情緒波動也會影響我的腸胃功能。有次我實在悶脹難受，在入睡前，就以雙手按摩腹部，先用右手以順時鐘方向在肚臍上下左右繞圈按摩三十六次，然後再用左手以逆時鐘方向在肚臍四周繞圈按摩三十六次，沒想到脹氣的不適感竟消失了，有時這麼做完

後，還會立刻排氣。若能在睡前和睡醒時，在床上各按摩一次，效果會更顯著。

新鮮蔬果的功效

近年來台灣由於空氣污染，水質惡化，癌症病患逐年增加，友人送來防癌書籍給我參考。瞭解台灣目前已步入高科技的時代，一切講求迅速、完美，無形中加重了人們的工作壓力，破壞了身體的免疫系統，因此許多四十多歲的人高血壓、糖尿病、中風、癌症等病症接踵而來，這是多麼可怕的現象，為免除這些病痛，除勤練氣功、多運動之外，也必須注意每日飲食的攝取。

我因長年胃病，在五十歲以前身體非常虛弱，有如藥罐子，曾在民國六十八、六十九年間有一次胃病發作，成天沒有胃口，吃東西不能消化，吃什麼就吐什麼，一個小饅頭可以吃兩天，講話沒有力氣，也無法走路，每隔一天必須到私人診所自費打點滴，以維持體力。折磨了一個多月，有一天忽然很想吃木瓜（自己原本很怕聞木瓜的怪味），於是買了一個木瓜回家吃，沒想到胃部竟感覺舒適，此後連吃了四年，胃病也逐漸康復了。至今有時應酬吃了油膩的東西，回來胃部悶脹，立刻吃下半個木瓜，便感覺很舒服。後來聽說木瓜是一種很好的酵素，能夠幫助消化，胃部虛弱或消化不良時，吃木瓜也許是個不錯的選擇。此外，有位老同事告訴我說，她長久的胃痛是吃高麗菜治好的，因她剛自大陸來台時，家門口有人天天賣高麗菜，便買回來炒，當菜吃，不知不覺就把她的胃病治好了，令她高興萬分。

台灣的學童許多從小學起便得戴眼鏡，一方面是因為常看電視，另一方面也許是缺少維他命A所致。聽印傭說，在印尼紅蘿蔔

很便宜，而且幾乎每家都自己種有，所以早餐均吃自製的紅蘿蔔汁加牛乳，而印尼學童也很少看到戴眼鏡的，這也許是照顧學童視力的一種好方法。

我因開刀導致腸道沾黏，影響到腸子的蠕動，常受便秘之苦，雖然醫生開了氧化鎂通便劑，但恐多吃會造成藥物依賴性。我聽說有位太太罹患腸癌，醫生告訴她大約只有三個月的生命，讓她回家休養，她心想只剩三個月的命就豁出去了，想吃鳳梨就每天買鳳梨回來吃，沒想到過了一個月，回醫院門診時，醫生告訴她腫瘤小了許多，她告訴醫生她每天都吃鳳梨。原來是因鳳梨內有豐富的纖維質，可促進腸胃蠕動，所以我也開始常吃鳳梨，果然有效，排便變得通順許多。

健康兩要件：飲食與運動

根據雜誌報導，罹癌者的比率不斷升高，且年齡明顯下降，我因而想到在身體保健上，有兩方面是值得多加注意的：一是飲食方面，應盡量食用有機蔬果，並選擇色彩鮮艷且種類多樣化的，例如紅蘿蔔、甘藍菜、洋蔥、蕃茄、菠菜、高麗菜、綠茶、海帶、南瓜、香蕉、橘子、木瓜、鳳梨、蘋果、柳橙等，但儘量減少攝取豬、羊、雞、牛等肉類。烹調方式則應以蒸煮為主，少用油炒，油炸燻烤的油煙都會對人體造成傷害，應儘量避免。對於肉類的攝取實應減少，試想我們不知道這些有生命的動物，在被屠宰前是否已患有傳染病，並且牠們在被屠宰前做生死掙扎時，情緒處於極端恐懼和怨恨中，身上必會產生一些毒素，而這些毒素若被我們吃入體內，難以確知是否會對健康帶來負面影響。至於素食的選擇，我認為還是儘可能自己做，因為餐館為吸引顧客，須滿足大眾口味，難免加些作料或非天然的人工再製品，這些東西反而會有礙身體健康，所以應多加小心。

二是運動方面，俗話說：「活動活動，要活就要動」，但運動應評估自身的體力，量力而為。對某些年事已高者而言，練氣功已是較為困難的事，所以只要每日能外出活動，到榕樹底下做深呼吸，吸些芬多精，也是不錯的選擇。若能交些知心朋友，一同外出走動走動、聊聊天、訴訴苦，發洩一下情緒，藉朋友間的互相安慰，拋掉所有痛苦和煩悶，也可以促進身心健康。

結語

這本小冊子是個人生活經驗的所得，單純是想把自己近年摸索到的經驗與親友子女分享，也是對我自小到大的人生歷程作個回顧，感念我的父母和師長。這些個人保健和理財的想法，也許不夠專業，或太過傳統了，追不上科技時代的腳步而顯得有些落伍。

但在理財方面，仍有些不變的道理是值得留心的，即多動腦筋，賺正當錢，省吃儉用，積少成多，慎重處理財物，不做投機生意或投資，也不要把所有錢財儲蓄在單一銀行或投資於單一公司，也就是要將錢分散於穩當的各行庫或分散投資於不同的可靠事業，這也就是不要把所有的雞蛋放在同一個簍子裡的道理。我想無論時代多麼

進步，這些道理是亙古不變的，在此希望晚輩能有所理解和警惕，並在未來人生中平安如意。

國家圖書館出版品預行編目

回首來時路　點滴在心頭 / 吳粉著.-- 一版.
- 臺北市：秀威資訊科技, 2008.12
面；　　公分. --(語言文學類；PG0207)

BOD版
ISBN　978-986-221-098-7（平裝）

1.吳粉 2.臺灣傳記

783.3886　　97019113

BOD Books on Demand　語言文學類　PG0207

回首來時路　點滴在心頭

作　　者 / 吳　粉
發 行 人 / 宋政坤
執行編輯 / 林世玲
圖文排版 / 郭雅雯
封面設計 / 陳佩蓉
數位轉譯 / 徐真玉　沈裕閔
圖書銷售 / 林怡君
法律顧問 / 毛國樑　律師
出版印製 / 秀威資訊科技股份有限公司
台北市內湖區瑞光路583巷25號1樓
電話：02-2657-9211　傳真：02-2657-9106
E-mail：service@showwe.com.tw
經 銷 商 / 紅螞蟻圖書有限公司
台北市內湖區舊宗路二段121巷28、32號4樓
電話：02-2795-3656　傳真：02-2795-4100
http://www.e-redant.com

2008 年 12 月　BOD 一版
定價：150 元

讀　者　回　函　卡

感謝您購買本書，為提升服務品質，煩請填寫以下問卷，收到您的寶貴意見後，我們會仔細收藏記錄並回贈紀念品，謝謝！

1.您購買的書名：______________________________

2.您從何得知本書的消息？

□網路書店　□部落格　□資料庫搜尋　□書訊　□電子報　□書店

□平面媒體　□ 朋友推薦　□網站推薦　□其他__________

3.您對本書的評價：(請填代號　1.非常滿意 2.滿意 3.尚可 4.再改進)

封面設計____　版面編排____　內容____　文/譯筆____　價格____

4.讀完書後您覺得：

□很有收獲　□有收獲　□收獲不多　□沒收獲

5.您會推薦本書給朋友嗎？

□會　□不會，為什麼？______________________________________

6.其他寶貴的意見：____

____

____

____

讀者基本資料

姓名：____________________　年齡：_____　性別：□女 □男

聯絡電話：________________　E-mail：____________________

地址：____

學歷：□高中(含)以下　□高中　□專科學校　□大學

□研究所(含)以上　□其他_______________

職業：□製造業 □金融業 □資訊業 □軍警 □傳播業 □自由業

□服務業 □公務員 □教職　□學生 □其他__________

請貼
郵票

To：114

台北市內湖區瑞光路 583 巷 25 號 1 樓

秀威資訊科技股份有限公司　　收

寄件人姓名：

寄件人地址：□□□

(請沿線對摺寄回,謝謝!)

秀威與 BOD

BOD（Books On Demand）是數位出版的大趨勢，秀威資訊率先運用 POD 數位印刷設備來生產書籍，並提供作者全程數位出版服務，致使書籍產銷零庫存，知識傳承不絕版，目前已開闢以下書系：

一、BOD 學術著作—專業論述的閱讀延伸
二、BOD 個人著作—分享生命的心路歷程
三、BOD 旅遊著作—個人深度旅遊文學創作
四、BOD 大陸學者—大陸專業學者學術出版
五、POD 獨家經銷—數位產製的代發行書籍

BOD 秀威網路書店：www.showwe.com.tw
政府出版品網路書店：www.govbooks.com.tw

永不絕版的故事・自己寫・永不休止的音符・自己唱